LOS SENTIDOS

El gusto

CHRISTINA EARLEY
Traducción de Pablo de la Vega

Un libro de Las Raíces de Crabtree

CRABTREE
Publishing Compan
www.crabtreebooks.co

Apoyos de la escuela a los hogares para cuidadores y maestros

Este libro ayuda a los niños en su desarrollo al permitirles practicar la lectura. Abajo están algunas preguntas guía para ayudar al lector a fortalecer sus habilidades de comprensión. En rojo hay algunas opciones de respuesta.

Antes de leer:

- ¿De qué pienso que tratará este libro?
  - *Pienso que este libro es sobre el sentido del gusto.*
  - *Pienso que este libro es sobre el tipo de cosas que puedo degustar.*
- ¿Qué quiero aprender sobre este tema?
  - *Quiero aprender sobre la parte de mi cuerpo que uso para degustar.*
  - *Quiero aprender las cosas que puedo degustar.*

Durante la lectura:

- Me pregunto por qué...
  - *Me pregunto por qué mi lengua puede degustar las cosas.*
  - *Me pregunto por qué el brócoli sabe amargo.*
- ¿Qué he aprendido hasta ahora?
  - *Aprendí que uso mi lengua para degustar.*
  - *Aprendí que puedo sentir el gusto de la comida saludable.*

Después de leer:

- ¿Qué detalles aprendí de este tema?
  - *Aprendí que el gusto es uno de mis cinco sentidos.*
  - *Aprendí que mi lengua puede degustar cosas agrias y saladas.*
- Lee el libro una vez más y busca las palabras del vocabulario.
  - *Veo la palabra **lengua** en la página 4 y la palabra **amargo** en la página 7. Las demás palabras del vocabulario están en la página 14.*

El gusto es uno de
mis cinco **sentidos**.

Uso mi **lengua**
para degustar.

Me gusta el sabor de la comida **saludable**.

El brócoli tiene
un gusto **amargo**.

Las fresas tienen un gusto **dulce**.

Los limones tienen
un gusto **ácido**.

Las palomitas de maíz
tienen un gusto **salado**.

¿Cuál es tu sabor
favorito?

Lista de palabras

Palabras de uso común

cinco	las	para
de	los	tiene
el	me	un
es	mi	uno
la	mis	uso

Palabras para conocer

ácido

amargo

dulce

lengua

salado

saludable

sentidos

52 palabras

El gusto es uno de mis cinco **sentidos**.

Uso mi **lengua** para degustar.

Me gusta el sabor de la comida **saludable**.

El brócoli tiene un gusto **amargo**.

Las fresas tienen un gusto **dulce**.

Los limones tienen un gusto **ácido**.

Las palomitas de maíz tienen un gusto **salado**.

¿Cuál es tu sabor favorito?

El gusto

Written by: Christina Earley

Designed by: Rhea Wallace

Series Development: James Earley

Proofreader: Janine Deschenes

Educational Consultant:

Marie Lemke M.Ed.

Translation to Spanish:

Pablo de la Vega

Spanish-language layout and

proofread: Base Tres

Print and production coordinator:

Katherine Berti

Photographs:
Shutterstock: Stock Image Factory: cover; sabza: p. 1;
ESB Professional: p. 3, 14; Pisel-Shot: p. 4, 14; monticello:
p. 5, 14; Katecholms: p. 6, 14; Monkey Business Images:
p. 9, 10, 14; Prostock-Studio: p. 11, 14; Monticello: p. 12

Library and Archives Canada Cataloguing in Publication

Title: El gusto / Christina Earley ; traducción de Pablo de la Vega.
Other titles: Taste. Spanish
Names: Earley, Christina, author. | Vega, Pablo de la, translator.
Description: Series statement: Los sentidos | Translation of: Taste. |
    "Un libro de las raíces de Crabtree". | Text in Spanish.
Identifiers: Canadiana (print) 2021025212X |
    Canadiana (ebook) 20210252138 |
    ISBN 9781039616004 (hardcover) |
    ISBN 9781039616059 (softcover) |
    ISBN 9781039616103 (HTML) |
    ISBN 9781039616158 (EPUB) |
    ISBN 9781039616202 (read-along ebook)
Subjects: LCSH: Taste--Juvenile literature.
Classification: LCC QP456 .E2718 2022 | DDC j612.8/7--dc23

Library of Congress Cataloging-in-Publication Data

Names: Earley, Christina, author. | Vega, Pablo de la, translator.
Title: El gusto / Christina Earley ; traducción de Pablo de la Vega.
Other titles: Taste. Spanish
Description: New York, NY : Crabtree Publishing Company, [2022] |
    Series: Los sentidos - un libro de las raíces de Crabtree | Includes index.
Identifiers: LCCN 2021030264 (print) |
    LCCN 2021030265 (ebook) |
    ISBN 9781039616004 (hardcover) |
    ISBN 9781039616059 (paperback) |
    ISBN 9781039616103 (ebook) |
    ISBN 9781039616158 (epub) |
    ISBN 9781039616202
Subjects: LCSH: Taste--Juvenile literature.
Classification: LCC QP456 .E2718 2022 (print) | LCC QP456 (ebook) |
    DDC 612.8/7--dc23
LC record available at https://lccn.loc.gov/2021030264
LC ebook record available at https://lccn.loc.gov/2021030265

Crabtree Publishing Company

Printed in the U.S.A./092021/CG20210616

www.crabtreebooks.com   1-800-387-7650

Published in the United States
Crabtree Publishing
347 Fifth Avenue, Suite 1402-145
New York, NY, 10016

Published in Canada
Crabtree Publishing
616 Welland Ave.
St. Catharines, Ontario L2M 5V6